Impressum
Verlag: BABADADA GmbH, Nedderfeld 112 , 22529 Hamburg
Geschäftsführer / Verlagsleitung: Harald Hof
Druck: Books on Demand GmbH, In de Tarpen 42, 22848 Norderstedt

Imprint
Publisher: BABADADA GmbH, Nedderfeld 112 , 22529 Hamburg, Germany
Managing Director / Publishing direction: Harald Hof
Print: Books on Demand GmbH, In de Tarpen 42, 22848 Norderstedt

école

baba

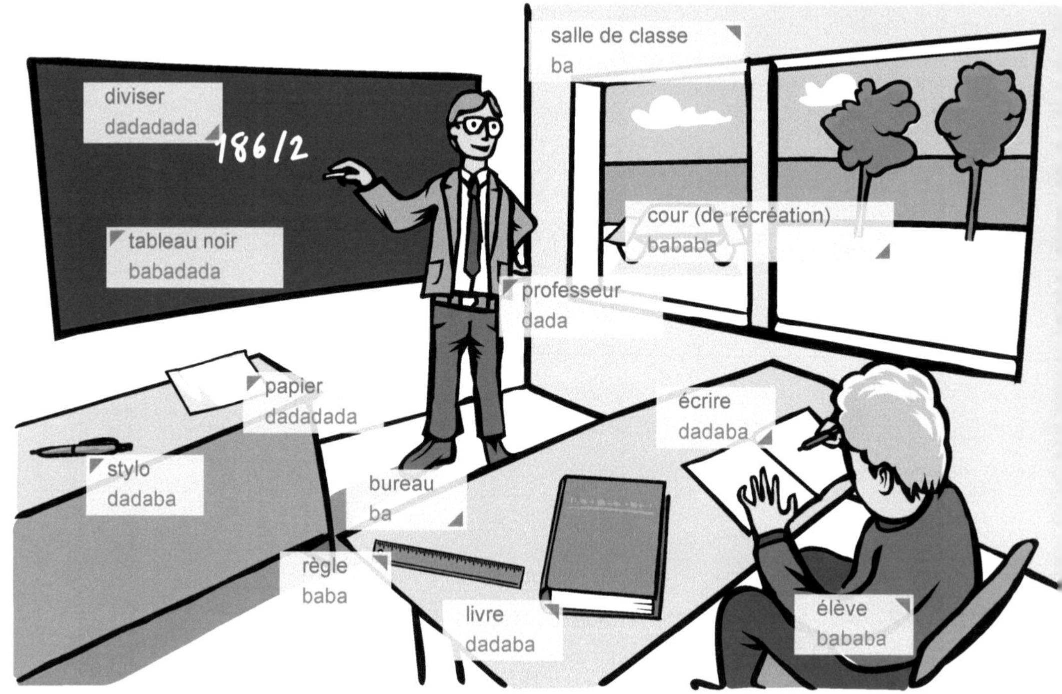
salle de classe
ba
diviser
dadadada
186/2
tableau noir
babadada
cour (de récréation)
bababa
professeur
dada
papier
dadadada
écrire
dadaba
stylo
dadaba
bureau
ba
règle
baba
livre
dadaba
élève
bababa

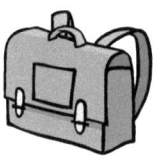

cartable
dadaba

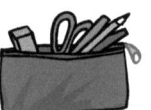

trousse
dada

crayon
bababa

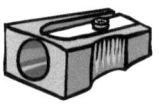

taille-crayon
dadaba

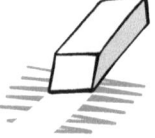

gomme
baba

carnet à dessin
ba

dessin

bababa

pinceau

ba

boîte de peinture

dada

ciseaux

babadada

colle

dadaba

cahier d'exercices

dadadada

devoirs

babadada

chiffre

bababa

additionner

dadaba

soustraire

bababa

multiplier

badada

calculer

dadababa

lettre

babababa

alphabet

babababa

mot

dada

texte

babadada

lire

dadadada

craie

dada

leçon

babababa

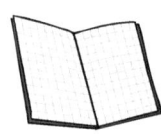

livre de classe

ba

examen

baba

certificat

babababa

uniforme scolaire

babadada

formation

babababa

lexique

dadababa

université

babababa

microscope

dadababa

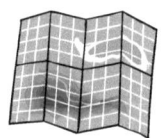

carte

bababa

corbeille à papier

babadada

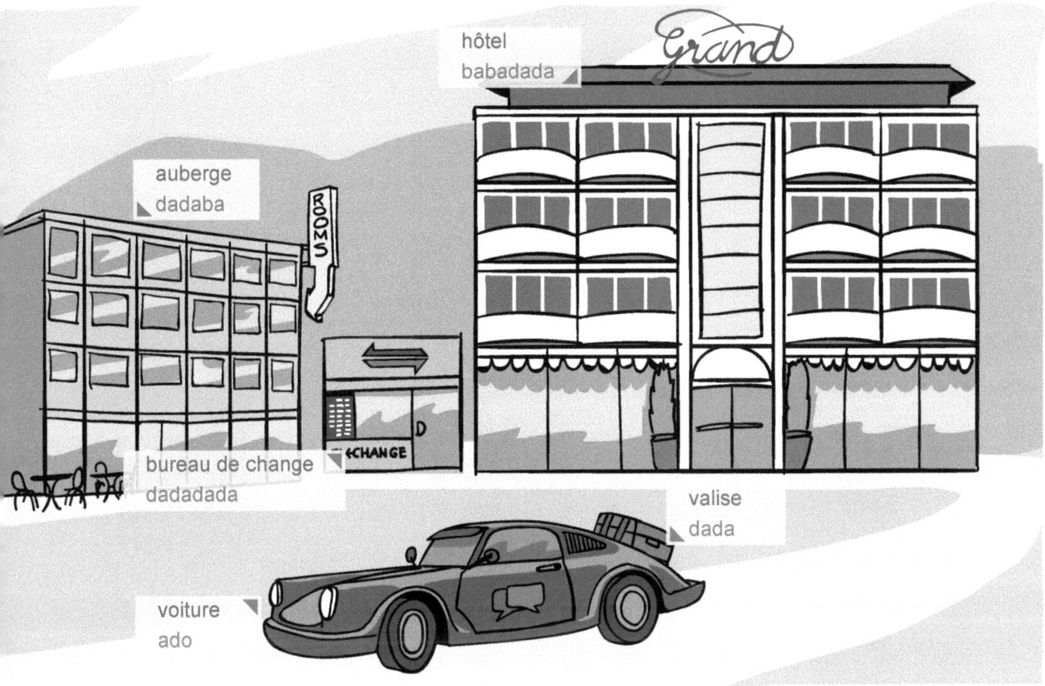

hôtel
babadada
Grand
auberge
dadaba
ROOMS
bureau de change
dadadada
valise
dada
voiture
ado

langue

dadadada

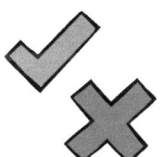

oui / non

da / meh

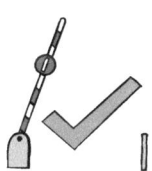

d'accord

Oh

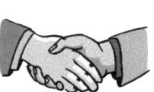

Salut

ba

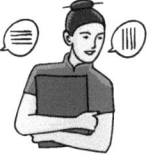

interprète

dada

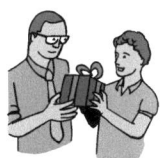

merci

dada

Combien coûte...?

babababa

Je ne comprends pas

ah

problème

dadaba

Bonsoir !

ba dada

Bonjour !

babadada

Bonne nuit !

heia!

Au revoir

dadaba

direction

badada

bagages

dada

sac

babababa

sac-à-dos

babababa

hôte

baba

pièce

dadadada

sac de couchage

dadadada

tente

dada

office de tourisme

dadadada

plage

badada

carte de crédit

babadada

petit-déjeuner

dadababa

déjeuner

baba

dîner

bababa

billet

dada

ascenseur

dada

timbre

babadada

frontière

badada

douane

dadaba

ambassade

babadada

visa

dadaba

passeport

dada da da da

transport
dadadada

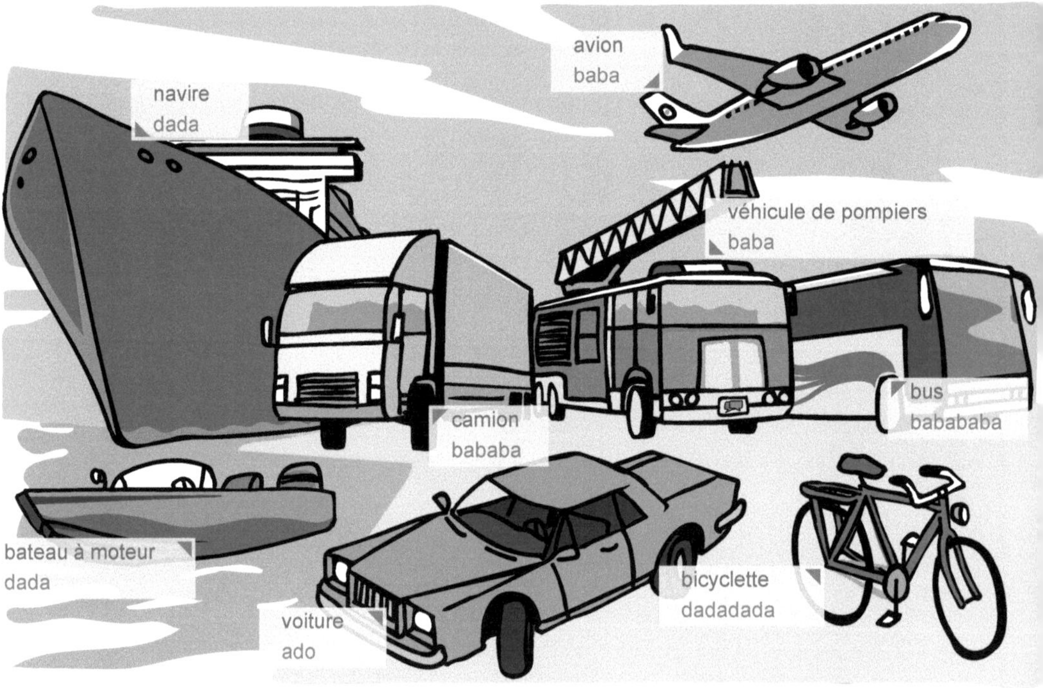

avion
baba
navire
dada
véhicule de pompiers
baba
bus
babababa
camion
bababa
bateau à moteur
dada
bicyclette
dadadada
voiture
ado

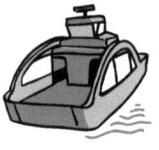

ferry
babadada

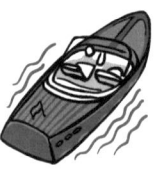

barque
baba

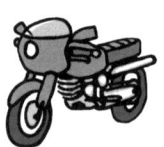

moto
bababa

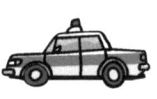

voiture de police
ado

voiture de course
ado

voiture de location
auto

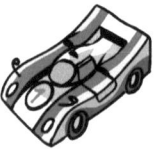

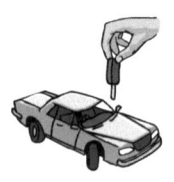

auto-partage

dada

voiture de remorquage

ado

benne à ordures

ado

moteur

brumbrum!

essence

bababa

station d'essence

dada

panneau indicateur

dadaba

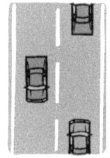

trafic

badada

embouteillage

ado ado

parking

babadada

gare

babababa

rails

dada

train

dadaba

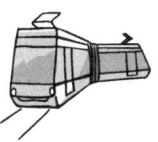

tramway

baba

wagon

dadaba

hélicoptère
....
baba

aéroport
....
baba

tour
....
dadaba

passager
....
baba

conteneur
....
badada

carton
....
dada

chariot
....
baba

corbeille
....
dadadada

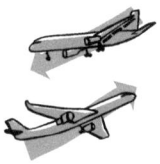

décoller / atterrir
....
da / bada

ville
dadaba

village
....
bababa

centre-ville
....
dadababa

maison
....
dadaba

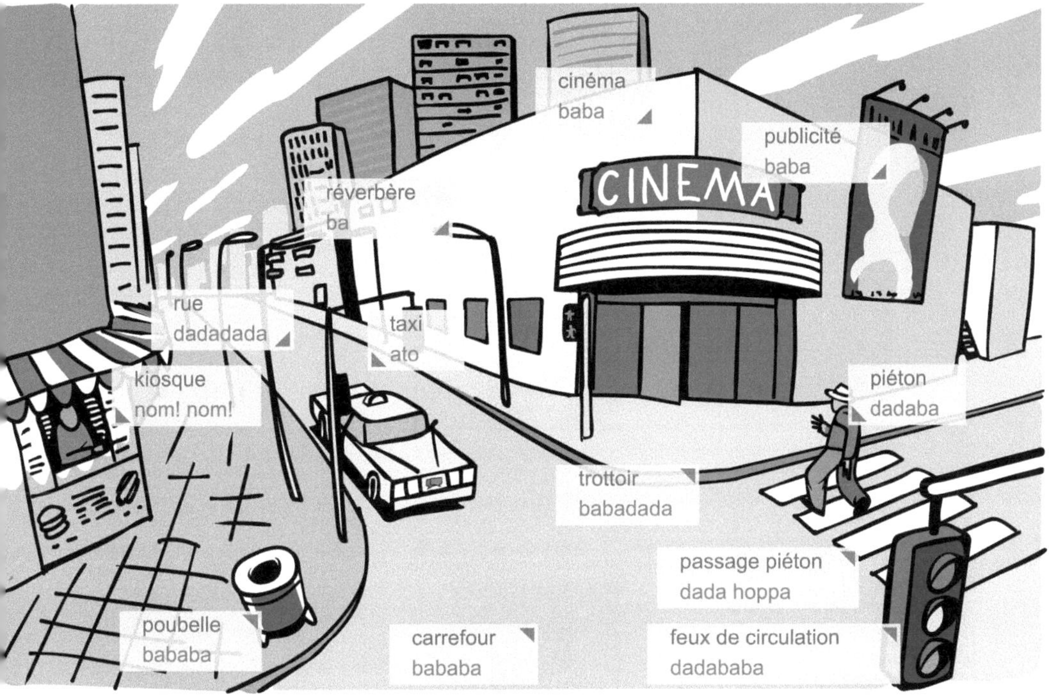

cinéma
baba

publicité
baba

CINEMA

réverbère
ba

rue
dadadada

taxi
ato

kiosque
nom! nom!

piéton
dadaba

trottoir
babadada

passage piéton
dada hoppa

poubelle
bababa

carrefour
bababa

feux de circulation
dadababa

cabane

babadada

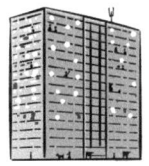

appartement

dadadada

gare

bababababa

mairie

dadaba

musée

bababa

école

baba

université

babababa

banque

dadadada

hôpital

aua!

hôtel

babadada

pharmacie

aua!

bureau

baba

librairie

bababa

magasin

ba

fleuriste

dadaba

supermarché

dada nom nom

marché

dadadada

grand magasin

dadadada

poissonnerie

nom! nom!

centre commercial

baba

port

ba

parc

dadadada

banque

baba

pont

bababababa

escaliers

dadadada

métro

bababa

tunnel

baba

arrêt de bus

ba

bar

bababababa

restaurant

nom nom!

boîte à lettres

dadaba

panneau indicateur

dada

parcmètre

baba

zoo

bababa

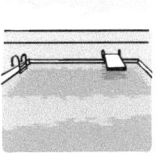

piscine

dada

mosquée

baba

ferme

dadaba

pollution

dadababa

cimetière

bababa

église

ba

aire de jeux

dadababa

temple

bababa

paysage

dada

feuille
baba

panneau indicateur
baba

chemin
dada

pré
bababa

pierre
baba

arbre
dadababa

randonneur
dada

rivière
bababa

herbe
dada

fleur
mama!

vallée

badada

montagne

bababa

lac

dadadada

forêt

dadadada

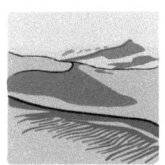

désert

dadababa

volcan

dadaba

château

babababa

arc-en-ciel

dadaba

champignon

bababa

palmier

dadababa

moustique

aua!

mouche

badada

fourmis

dadababa

abeille

summ summ

araignée

dada

coléoptère

dadaba

grenouille

quak

écureuil

dadababa

hérisson

dadaba

lièvre

baba

chouette

gackgack

oiseau

gackgack

cygne

gackgack

sanglier

babadada

cerf

dadadada

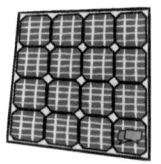

élan

dadadada

barrage

dadadada

éolienne

ba

panneau solaire

dadadada

climat

bababa

serveur
dadadada

menu
baba

chaise
dadaba

soupe
nom! nom!

pizza
nom nom!

couverts
ba

nappe
babababa

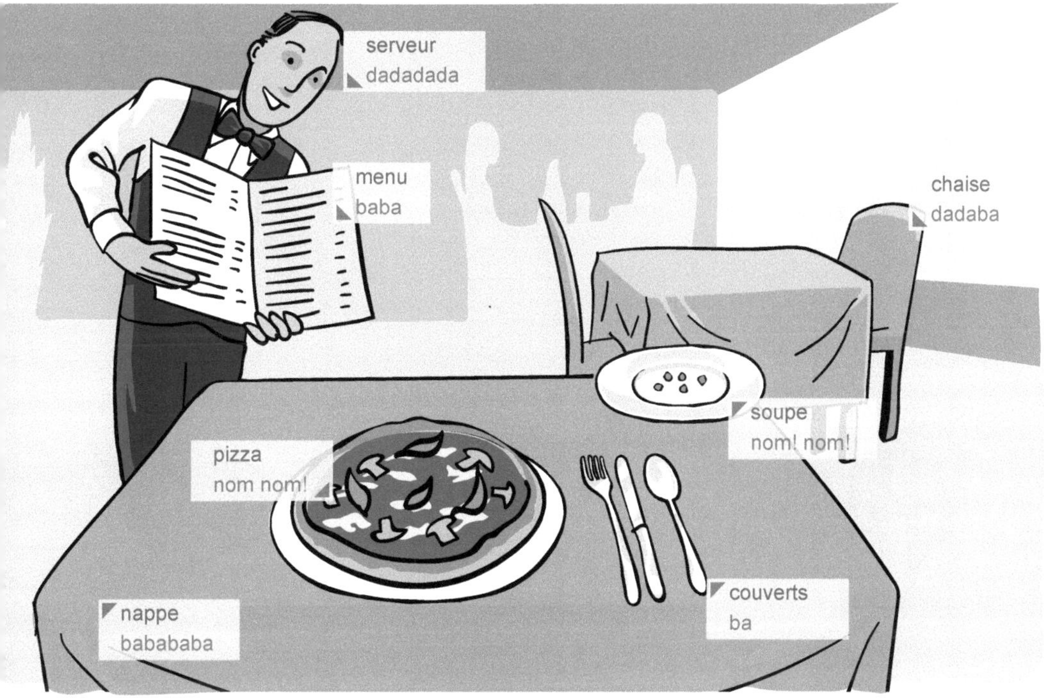

hors d'œuvre

nom! nom!

plat principal

nom! nom!

dessert

nom nom!

boissons

dadababa

alimentation

nom nom!

bouteille

nom nom!

fast-food

nom! nom!

plats à emporter

nom! nom!

théière

babababa

sucrier

nom! nom!

portion

nom nom!

machine à expresso

dadaba

chaise haute

bababa

facture

ba

plateau

bababa

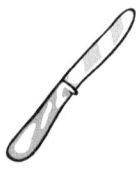

couteau

ba

fourchette

babadada

cuillère

dadaba

cuillère à thé

bababa

serviette

dadaba

verre

ba

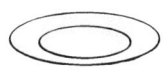

assiette

nom nom!

assiette à soupe

bababa

soucoupe

bababa

sauce

nom! nom!

salière

dadadada

moulin à poivre

dadaba

vinaigre

bähbäh

huile

dadababa

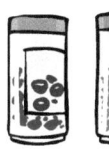

épices

dadababa

ketchup

nom! nom!

moutarde

nom! nom!

mayonnaise

nom nom!

supermarché
dada nom nom

offre promotionnelle
dadababa
FOR
client
dadaba
produits laitiers
dadaba
fruits
nom nom!
chariot
baba

BUTCHERS

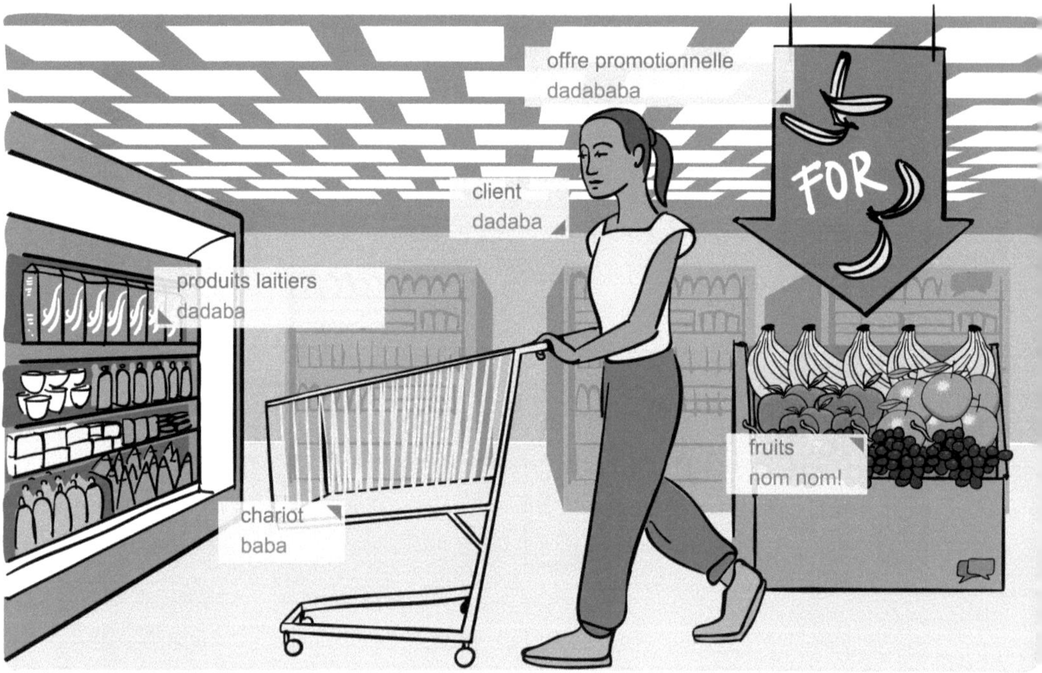

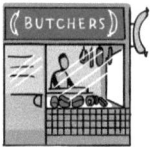

boucherie

dadaba

BAKERY

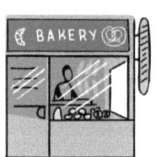

boulangerie

nom! nom!

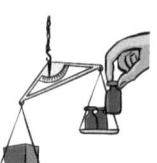

peser

bababa

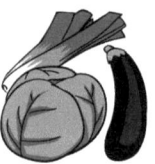

légumes

bähbäh

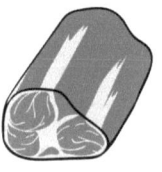

viande

nom nom!

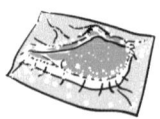

aliments surgelés

nomnom

charcuterie

nom nom!

conserves

nomnom

poudre à lessive

bababa

bonbons

baba

articles ménagers

dadaba

détergents

dadababa

vendeuse

bababa

caisse

bababa

caissier

dadaba

liste d'achats

dada

heures d'ouverture

dadababa

portefeuille

baba

carte de crédit

babadada

sac

dadababa

sac en plastique

dadababa

dadababa

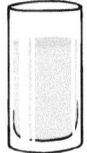

eau

wasa

jus de fruit

dadadada

lait

badada

coca

ba

vin

bababa

bière

dadadada

alcool

dadaba

chocolat chaud

bababa

thé

dadababa

café

dada

expresso

dadaba

cappuccino

dadababa

banane

nane

pomme

nom nom!

orange

bababa

melon

nom nom!

citron

nom nom!

carotte

bähbäh

ail

bada meh

bambou

dadaba

oignon

dadaba

champignon

nom nom!

noisettes

nom nom!

pâtes

nom nom!

spaghetti

nom nom!

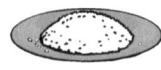

riz

nom nom!

salade

nom nom!

pommes frites

nom nom!

pommes de terre rôties

nom nom!

pizza

nom nom!

hamburger

nom nom!

sandwich

nom nom!

escalope

nom nom!

jambon

nom nom!

salami

nom nom!

saucisse

nom nom!

poulet

gack gack

rôti

nom nom!

poisson

nom nom!

flocons d'avoine

nom nom!

muesli

bähbäh

cornflakes

nom nom!

farine

nom nom!

croissant

nom nom!

petits-pains

babadada

pain

nom! nom!

pain grillé

nom nom!

biscuits

nom nom!

beurre

nom nom!

le fromage blanc

nom nom!

gâteau

nom nom

œuf

dadaba

œuf au plat

nom nom!

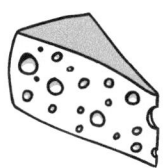

fromage

bada muh

glace

nom nom!

sucre

nom nom!

miel

baba summ

confiture

nom nom!

crème nougat

nom nom!

curry

babadada

ferme

dadaba

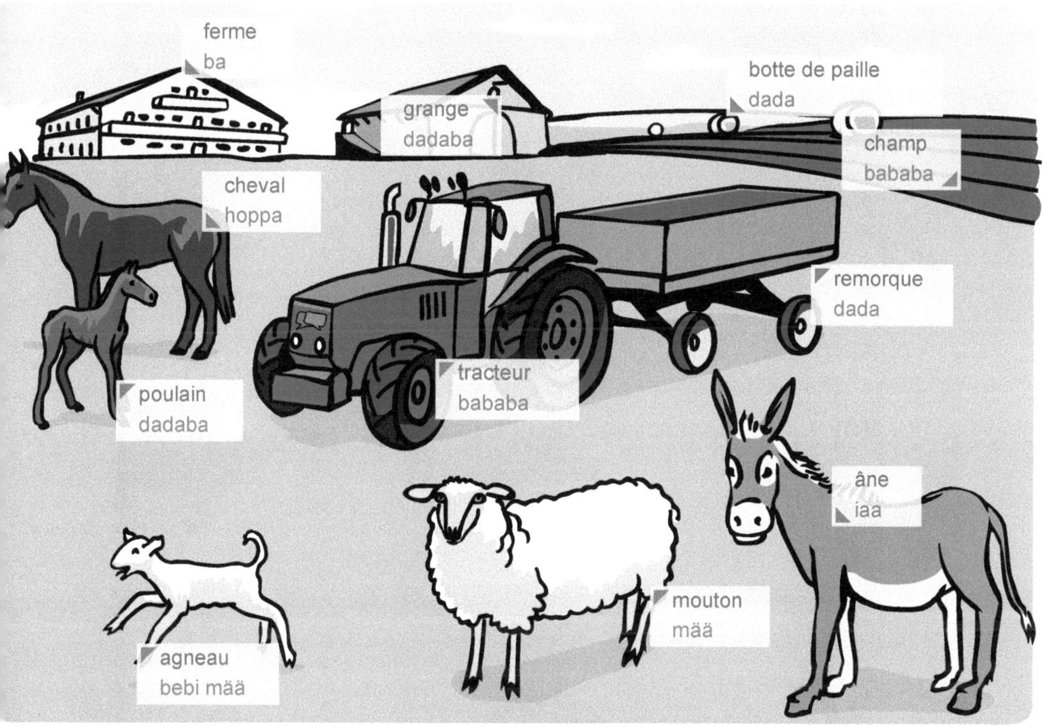

ferme
ba
botte de paille
dada
grange
dadaba
champ
bababa
cheval
hoppa
remorque
dada
tracteur
bababa
poulain
dadaba
âne
iaa
mouton
mää
agneau
bebi mää

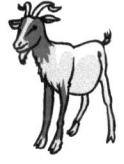

chèvre

baba

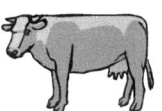

vache

muh

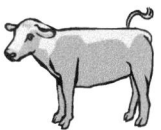

veau

mimuh

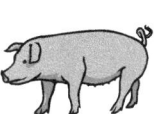

porc

mama oink

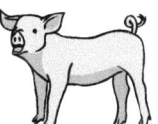

porcelet

oink

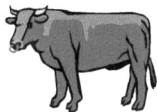

taureau

dadadada

oie

gackgack

canard

gackquack

poussin

gacki

poule

gackgack

coq

gacko

rat

dada

chat

mau

souris

bababa

bœuf

muh

chien

wauwau

chenil

wauwau

tuyau de jardin

baba

arrosoir

dadababa

faucheuse

baba

charrue

dadababa

faucille

baba

pioche

dadadada

fourche

dada

hache

bababa

brouette

babababa

cuve

baba

pot à lait

dada muh

sac

dadababa

clôture

badada

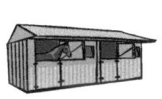

étable

dadadada

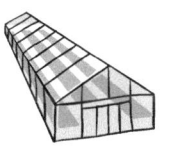

serre

ba

sol

babadada

semences

baba

engrais

baba

moissonneuse-batteuse

dadababa

récolter

bababa

récolte

dadadada

igname

dadaba

blé

dadababa

soja

dadababa

pomme de terre

bababa

maïs

badada

colza

bababa

arbre fruitier

bababa

manioc

dadadada

céréales

dadababa

maison
dadaba

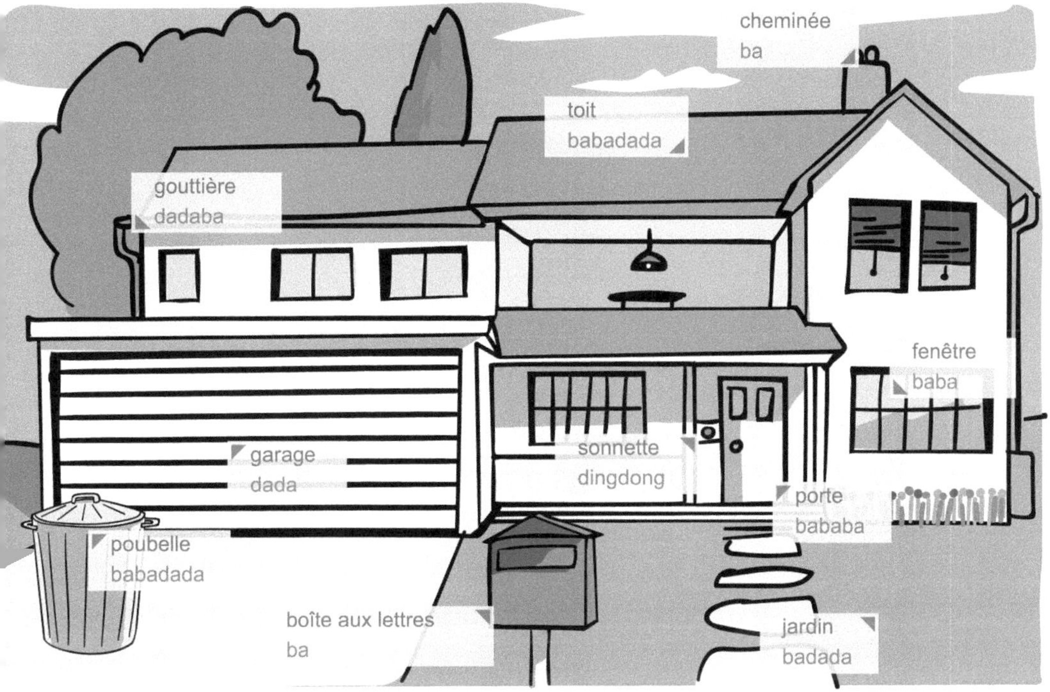
cheminée
ba
toit
babadada
gouttière
dadaba
fenêtre
baba
garage
dada
sonnette
dingdong
porte
bababa
poubelle
babadada
boîte aux lettres
ba
jardin
badada

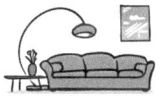

salon

dadadada

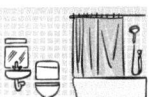

salle de bain

bababa

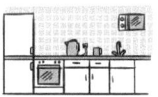

cuisine

bababa

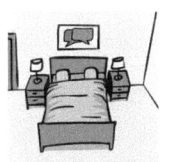

chambre à coucher

dadababa

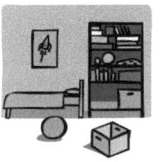

chambre d'enfant

meina

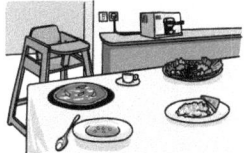

salle à manger

dadaba

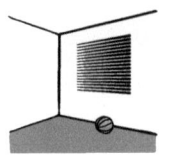

sol

badada

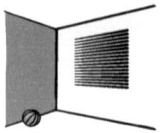

mur

dadababa

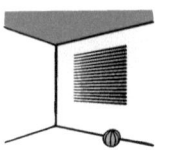

plafond

bababa

cave

dada

sauna

dadababa

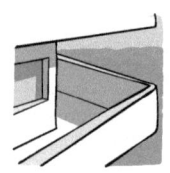

balcon

babababa

terrasse

dadadada

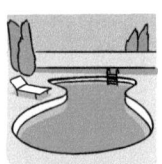

piscine

bababa

tondeuse à gazon

baba

housse

dadaba

couette

babadada

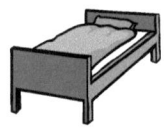

lit

heia!

balai

dada

sceau

dadaba

interrupteur

dadababa

salon
dadadada

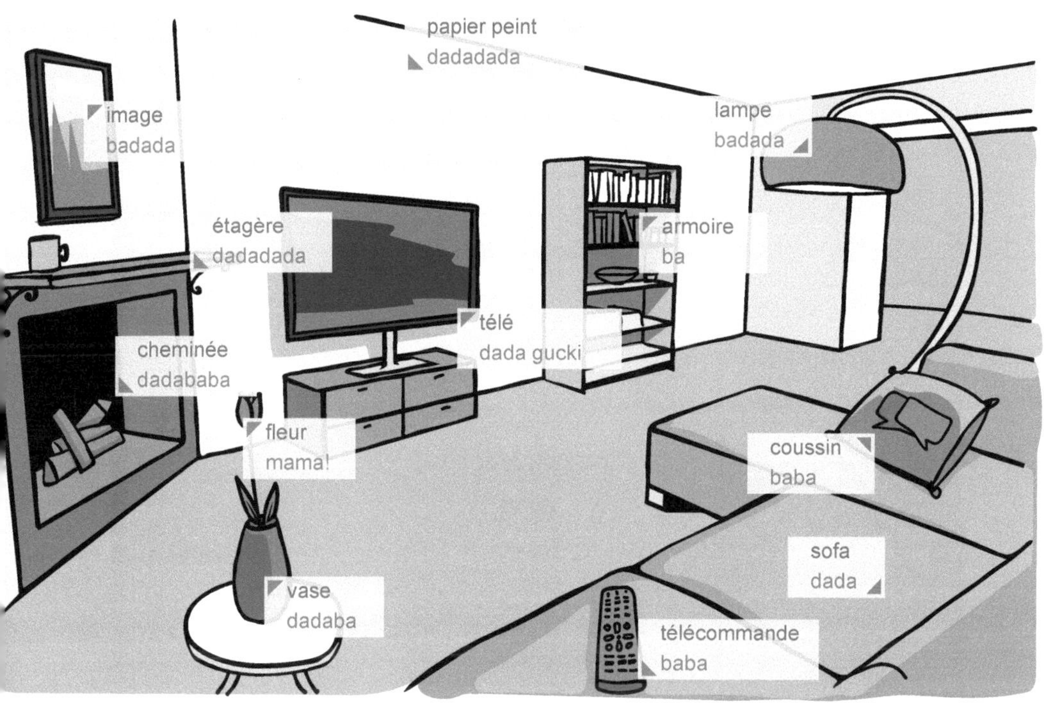
papier peint
dadadada
image
badada
lampe
badada
étagère
dadadada
armoire
ba
télé
dada gucki
cheminée
dadababa
fleur
mama!
coussin
baba
sofa
dada
vase
dadaba
télécommande
baba

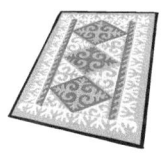

tapis
dada

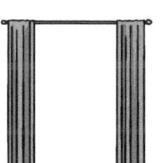

rideau
bababa

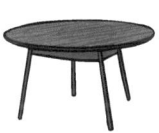

table
ba

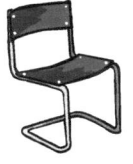

chaise
dadaba

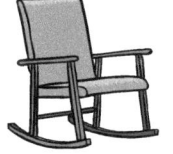

chaise à bascule
dadadada

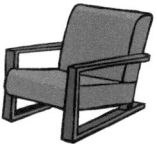

fauteuil
bababa

livre

dadaba

couverture

dadadada

décoration

dadaba

bois de chauffage

ba

film

dadadada

chaîne hi-fi

lala

clé

babadada

journal

dadadada

peinture

dadadada

poster

bababa

radio

lala

bloc-notes

dadababa

aspirateur

babadada

cactus

aua!

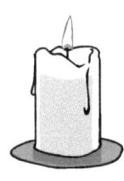

bougie

babadada

cuisine
bababa

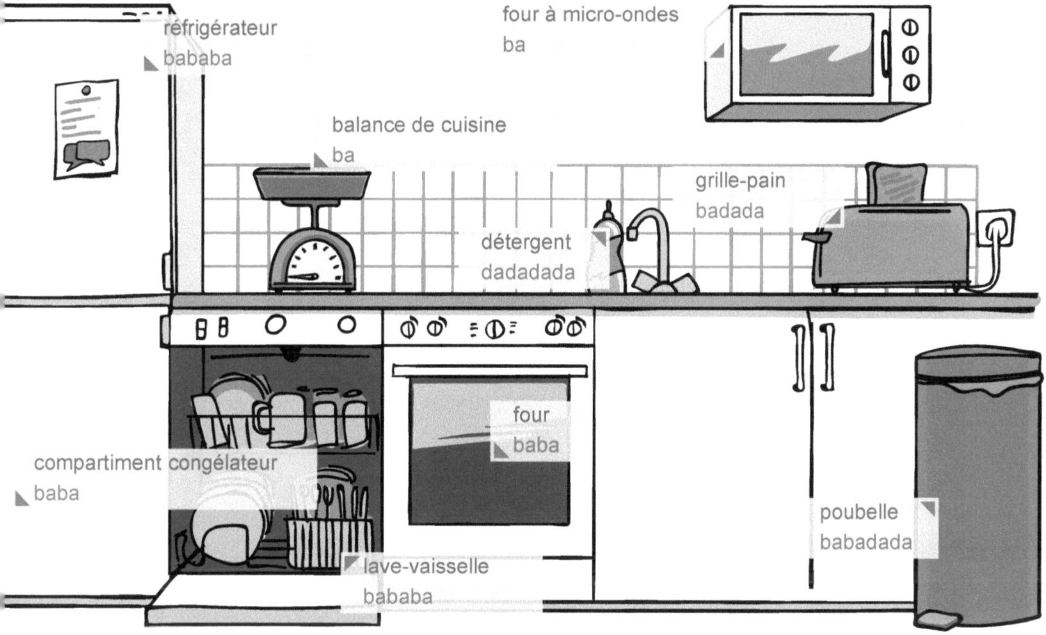

réfrigérateur
bababa
four à micro-ondes
ba
balance de cuisine
ba
grille-pain
badada
détergent
dadadada
four
baba
compartiment congélateur
baba
poubelle
babadada
lave-vaisselle
bababa

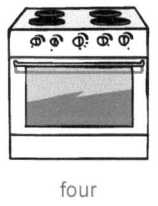

four
....
dada

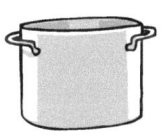

casserole
....
dada

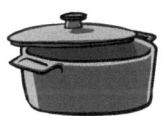

marmite
....
dada

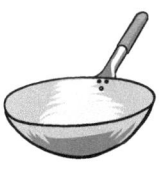

wok / kadai
....
baba / dada

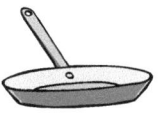

poêle
....
badada

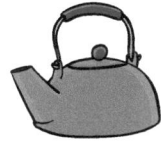

bouilloire electrique
....
ba

cuiseur vapeur

dadababa

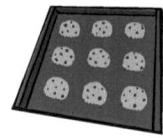

plaque de cuisson

bababa

vaisselle

dadaba

gobelet

dadadada

coupe

dadaba

baguettes

baba

louche

dadaba

spatule

dadadada

fouet

badada

passoire

dada

tamis

bababa

râpe

baba

mortier

dadababa

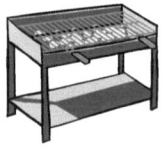

barbecue

dada

cheminée

aua!

planche à découper

dadababa

rouleau à pâtisserie

babababa

tire-bouchon

dadababa

boîte

dadadada

ouvre-boîte

bababa

maniques

dadababa

lavabo

dadadada

brosse

dadababa

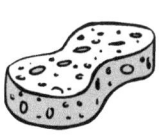

éponge

ba

mixeur

aua!

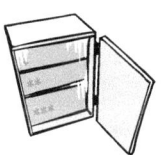

congélateur

babadada

biberon

bababa

robinet

dadadada

salle de bain

bababa

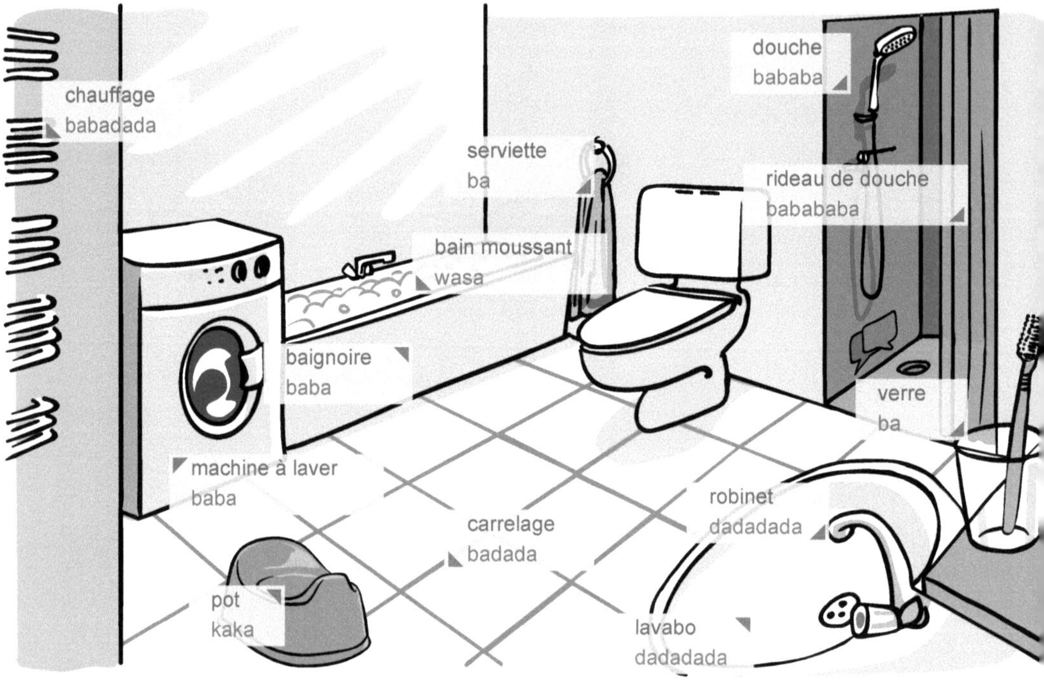
chauffage
babadada
serviette
ba
douche
bababa
rideau de douche
babababa
bain moussant
wasa
baignoire
baba
verre
ba
machine à laver
baba
robinet
dadadada
carrelage
badada
pot
kaka
lavabo
dadadada

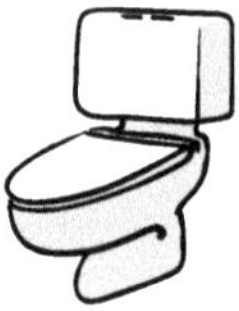

toilettes

kaka

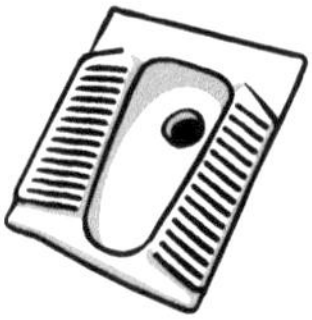

toilette à la turque

ba

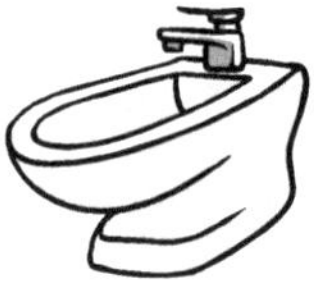

bidet

dadababa

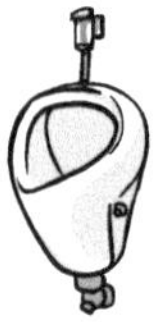

urinoir

dadababa

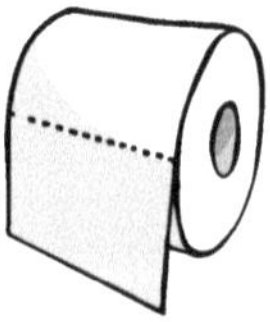

papier toilette

kaka

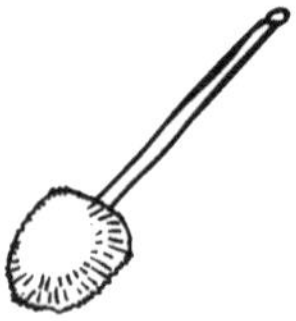

brosse à toilette

bababa

brosse à dents

bababa

dentifrice

nom! nom!

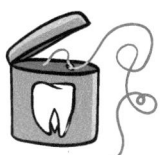

fil dentaire

dadadada

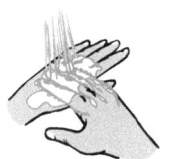

laver

bababa

douche manuelle

babababa

douche intime

dadadada

vasque

badada

brosse dorsale

dadadada

savon

nom! nom!

gel douche

nom! nom!

shampooing

nom! nom!

gant de toilette

babadada

écoulement

dadaba

crème

nom! nom!

déodorant

bababababa

miroir

dadadada

miroir cosmétique

dadadada

rasoir

ba

mousse à raser

nom! nom!

après-rasage

nam! nam!

peigne

dadababa

brosse

baba

sèche-cheveux

dadadada

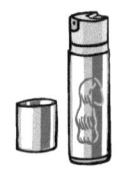

laque pour cheveux

badada

fond de teint

dadaba

rouge à lèvres

mama!

vernis à ongles

ba

ouate

bababa

coupe-ongles

dadadada

parfum

bababa

trousse de toilette

dadadada

tabouret

babababa

pèse-personne

dadadada

peignoir

ba

gants de nettoyage

babababa

tampon

ba

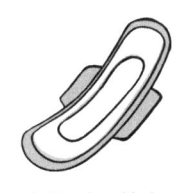

serviettes hygiéniques

bababa

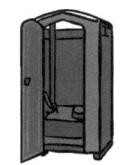

toilette chimique

baba

chambre d'enfant

meina

réveil
bababa
doudou
bababa
voiture jouet
auto
hochet
dadadada
maison de poupée
bababa
cadeau
babababa

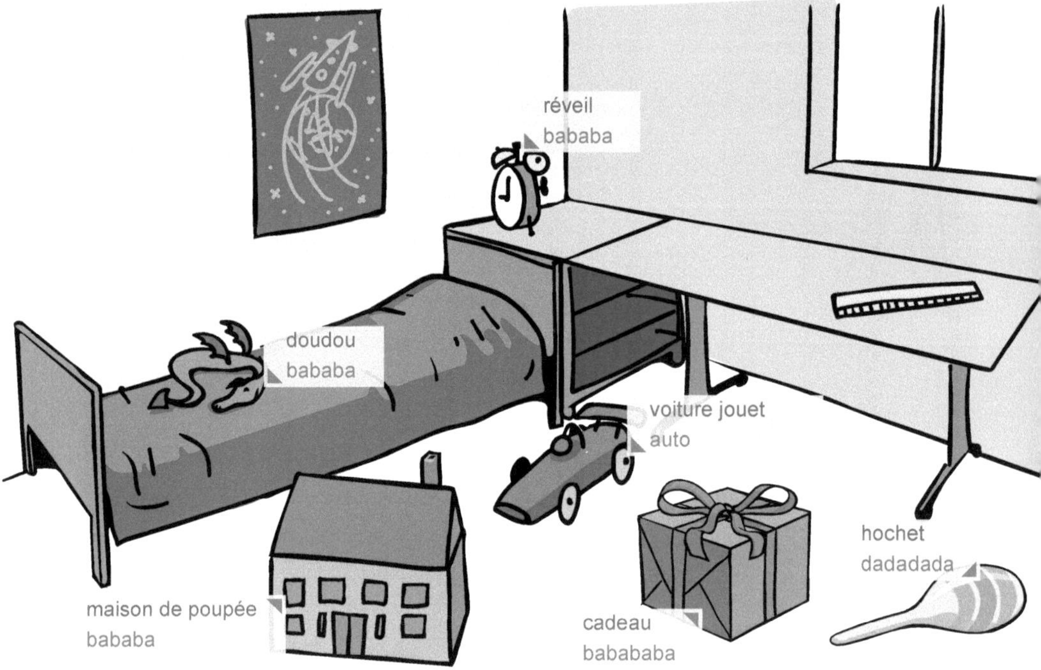

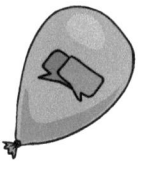

ballon
dadadada

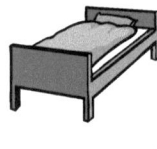

lit
heia!

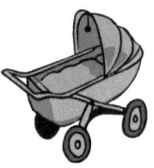

poussette
dadaba

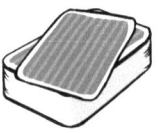

jeu de cartes
dadababa

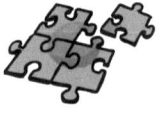

puzzle
bababa

bande dessinée
dadababa

pièces lego

badada

blocs de construction

badada

figurine

dada

grenouillère

dadadada

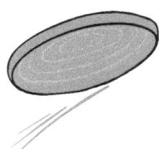

frisbee

dadaba

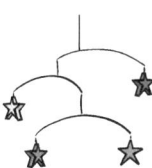

mobile

dadaba

jeu de société

ba

dé

baba

train miniature

dadababa

sucette

lula

fête

baba

livre d'images

dadaba

balle

dada

poupée

dada

jouer

badada

bac à sable
dadaba

balançoire
bababab

jouets
dadababa

console de jeu
dadaba

tricycle
babadada

ours en peluche
dadababa

armoire
dadaba

vêtements

baba

chaussettes
dadadada

bas
ba

collant
dada

écharpe
bababa

parapluie
bababa

t-shirt
badada

ceinture
dadababa

bottes
baba

pantoufles
baba

baskets
ba

sandales

bababa

chaussures

badada

bottes de caoutchouc

dada

sous-vêtements

ba

soutien-gorge

baba

maillot de corps

dadadada

body

badada

pantalon

ba

jean

bababa

jupe

dada

chemisier

bababa

chemise

dadadada

pull

baba

sweat à capuche

baba

veste

babadada

veste

baba

manteau

bababa

imperméable

dadababa

costume

bababa

robe

ba

robe de mariée

dadaba

costume

dadadada

chemise de nuit

bababab

pyjama

heia

sari

baba

foulard

dadadada

turban

dada

burqa

dada

caftan

baba

abaya

dadadada

maillot de bain

wasa

maillot de bain

bababa

short

dadababa

tenue d'entraînement

babababa

tablier

baba

gants

babababa

bouton

dadaba

lunettes

babadada

bracelet

dada

collier

dadababa

bague

bababa

boucle d'oreille

dadababa

bonnet

dada

cintre

babadada

chapeau

dadababa

cravate

bababa

fermeture éclair

badada

casque

dadaba

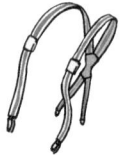

bretelles

dada

uniforme scolaire

babadada

uniforme

babababa

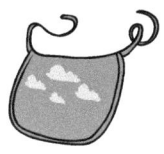

bavoir

namnam

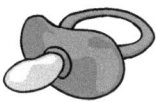

sucette

lula

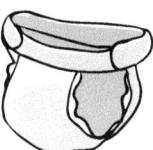

lange

kaka!

bureau

baba

serveur
dadaba
armoire d'archivage
dadababa
imprimante
badada
papier
dadadada
écran
dadadada
souris
baba
bureau
ba
classeur
dadaba
clavier
dada
corbeille à papier
babadada
ordinateur
dada
chaise
bababa

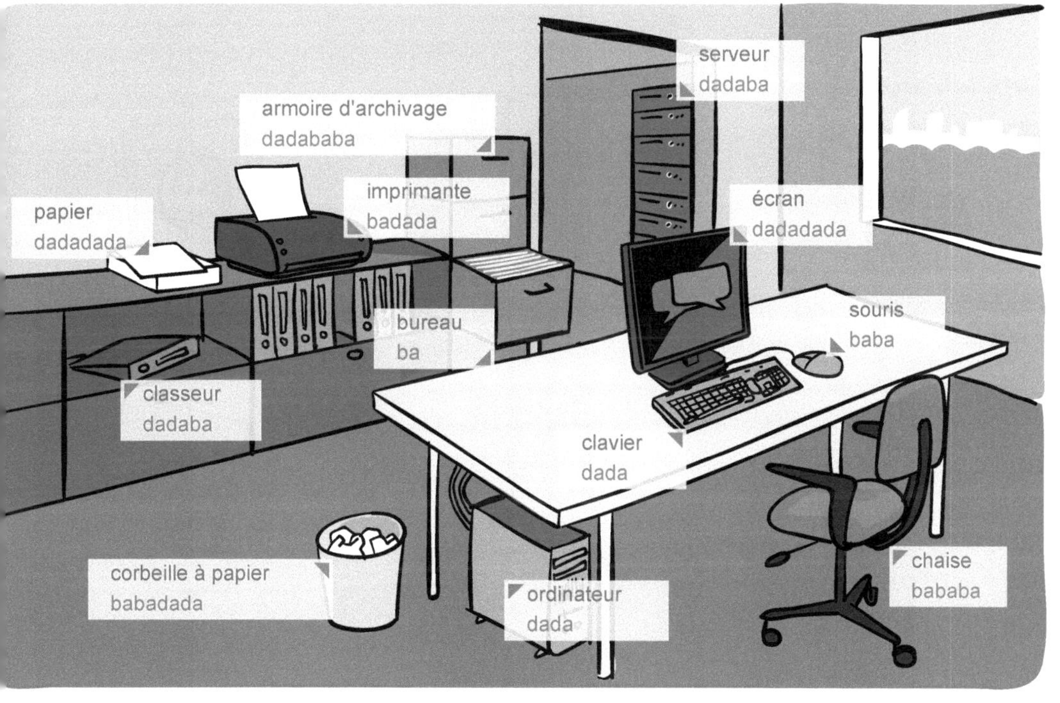

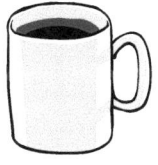

tasse de café

dada

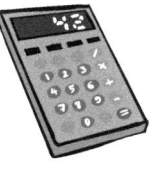

calculatrice

bababa

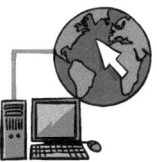

internet

da da

ordinateur portable

papa!

lettre

dadababa

message

ba

portable

fon

réseau

bababa

photocopieuse

ba

logiciel

bababa

téléphone

dada bing

prise

aua!

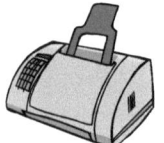

fax

bababa

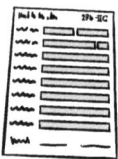

formulaire

dadaba

document

bababa

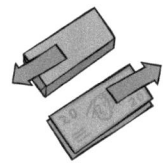

acheter

baba

payer

dadadada

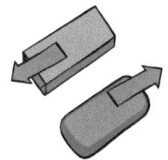

faire du commerce

dadaba

monnaie

badada

dollar

babadada

euro

dadaba

yen

bababa

rouble

ba

franc suisse

dada

renminbi yuan

dada

roupie

ba

distributeur automatique

ba

bureau de change

dadadada

or

dadadada

argent

baba

pétrole

dadadada

énergie

ba

prix

dadadada

contrat

baba

taxe

bababa

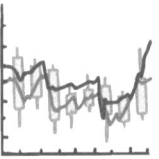

action

dadadada

travailler

dadaba

employé

dadadada

employeur

dadababa

usine

dadaba

magasin

ba

économie - badada

agent de police
baba

pompier
dada

cuisinier
bababa

médecin
aua!

pilote
bababa

jardinier
....
bababa

menuisier
....
bababa

couturière
....
baba

juge
....
bababa

chimiste
....
dadaba

acteur
....
dadababa

conducteur de bus

ba

chauffeur de taxi

auto mann

pêcheur

bababa

femme de ménage

dadadada

couvreur

dadadada

serveur

dadadada

chasseur

badada

peintre

dadadada

boulanger

dadababa

électricien

papa!

ouvrier

babababa

ingénieur

bababa

boucher

dadababa

plombier

dadadada

facteur

bababa

soldat

dadadada

architecte

ba

caissier

dadaba

fleuriste

bababa

coiffeur

babadada

contrôleur

bababa

mécanicien

dadaba

capitaine

dada

dentiste

badada

scientifique

ba

rabbin

bababa

imam

dadaba

moine

dada

prêtre

dadadada

outils
dada

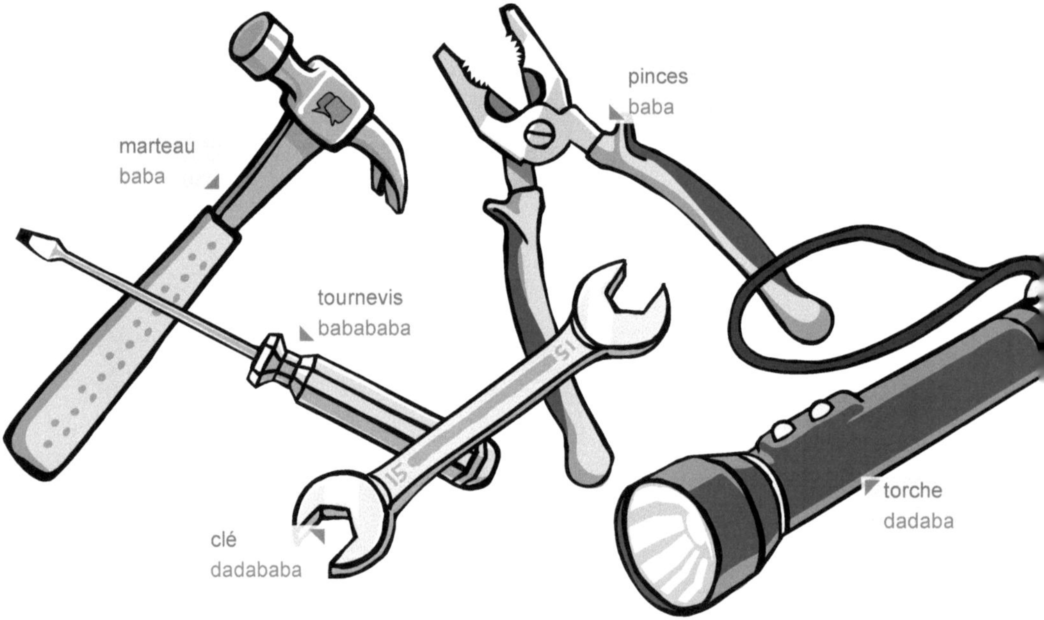
marteau
baba
pinces
baba
tournevis
babababa
clé
dadababa
torche
dadaba

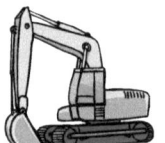

pelleteuse

dadaba

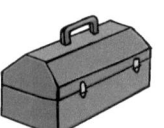

boîte à outils

baba

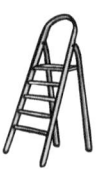

échelle

babababa

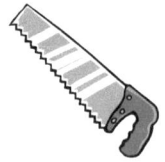

scie

dadaba

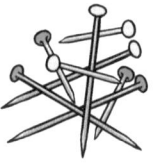

clous

babadada

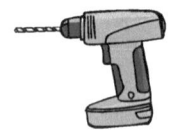

perceuse

dada

réparer
dadababa

pelle
dada

Mince !
aua!

pelle
dada

pot de peinture
dadaba

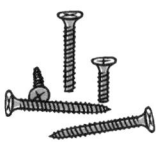

vis
babababa

instruments de musique
bababa

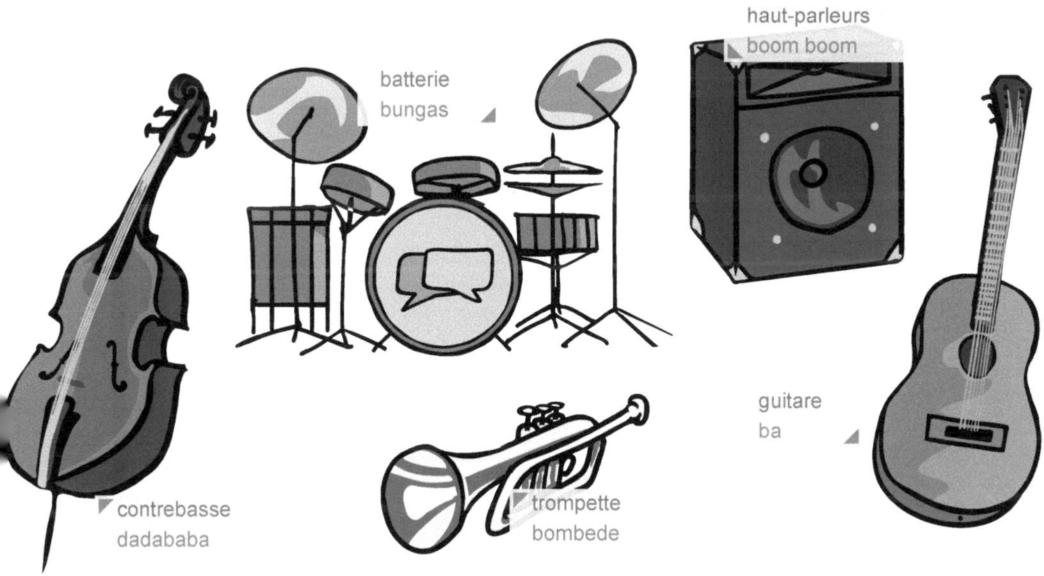

haut-parleurs
boom boom

batterie
bungas ◄

guitare
ba ◄

▼ contrebasse
dadababa

trompette
bombede

piano

bingbing

violon

bababa

basse

ba

timbales

badada

tambour

bunga bunga

piano électrique

badada

saxophone

dadababa

flûte

dadababa

microphone

dadadada

zoo
bababa

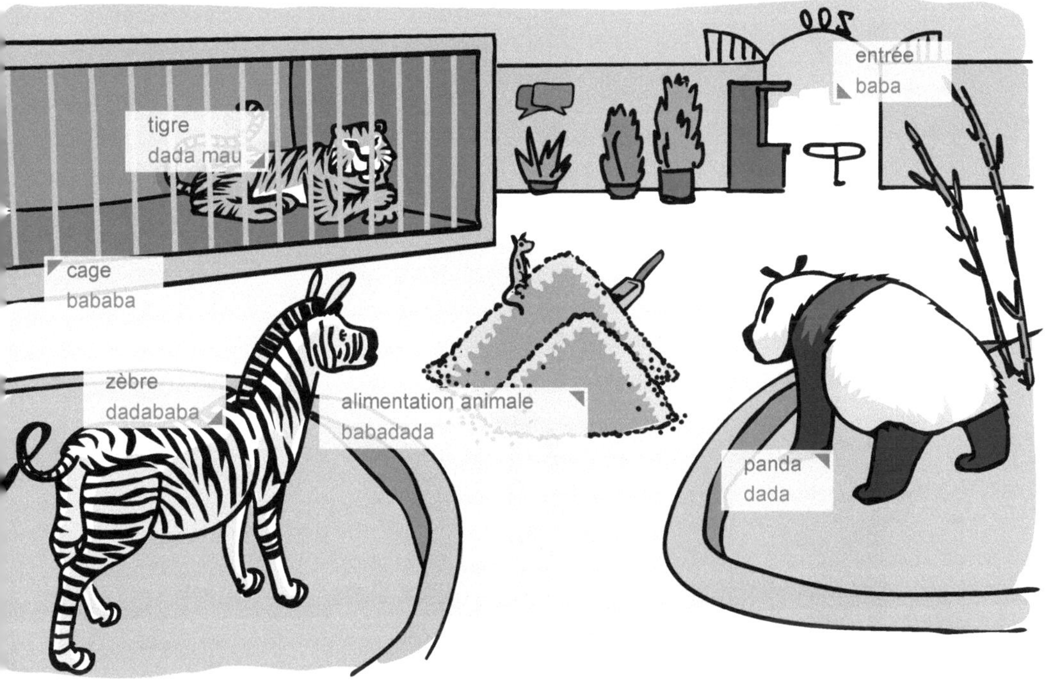

entrée
baba
tigre
dada mau
cage
bababa
zèbre
dadababa
alimentation animale
babadada
panda
dada

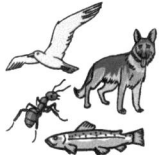

animaux

dadadada

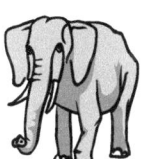

éléphant

bababa

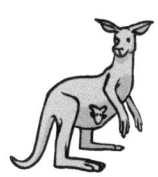

kangourou

dadaba

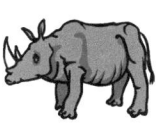

rhinocéros

babadada

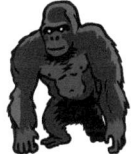

gorille

dada

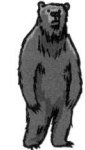

ours

babababa

chameau

dadaba

autruche

gackgack

lion

babadada

singe

dadaba

flamand rose

gackgack

perroquet

bababa

ours polaire

bababa

pingouin

dada

requin

bababa

paon

dadaba

serpent

badada

crocodile

babababa

gardien de zoo

dadadada

phoque

dada

jaguar

bababa

poney
ei!

léopard
dadadada

hippopotame
dada

girafe
babababa

aigle
bababa

sanglier
babadada

poisson
nom nom!

tortue
dadadada

morse
anje

renard
dadadada

gazelle
bababa

american Football
dadababa

cyclisme
dadaba

tennis
bum bum

basket-ball
ball

natation
badada

hockey sur glace
baba

boxe
aua!

football
dadadada

badminton
badada

athlétisme
dadababa

handball
ball

ski
dadadada

polo
baba

activités
dadadada

rire
baba
sauter
dada
embrasser
bababa
marcher
dada
chanter
dadababa
rêver
dadababa
prier
dadadada
faire la bise
mama!

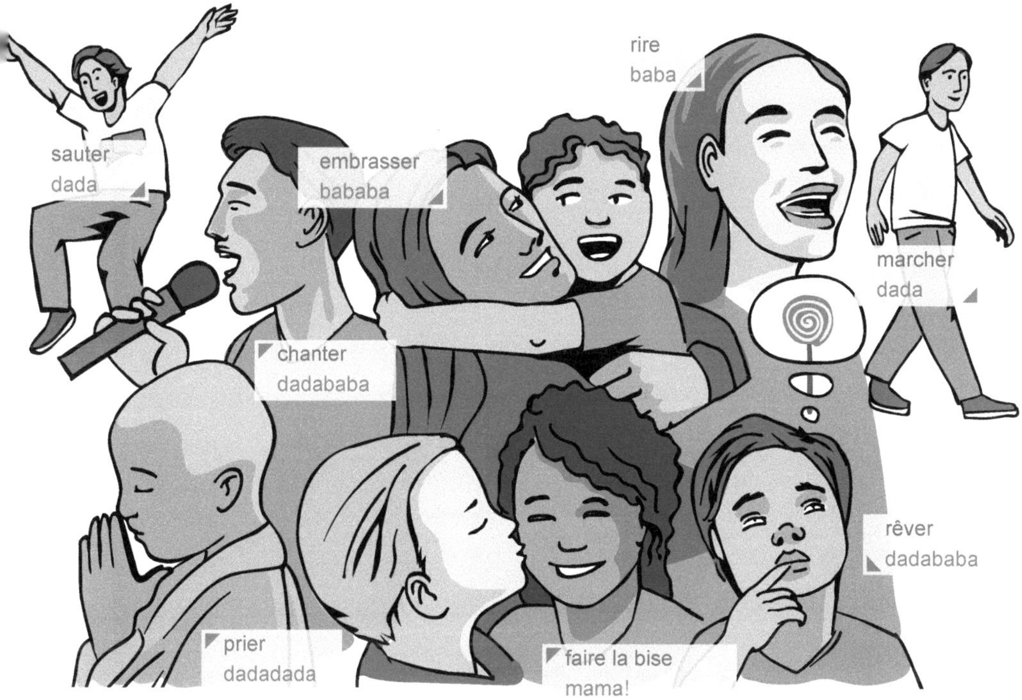

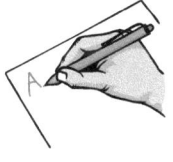

écrire

dadaba

dessiner

dada

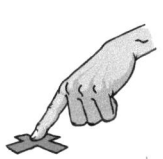

montrer

dadababa

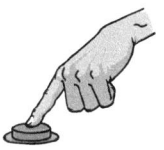

pousser

dada

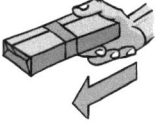

donner

badada

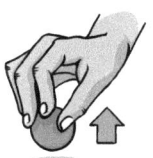

prendre

dadaba

avoir

dadaba

faire

dadadada

être

babadada

être debout

dadadada

courir

baba

trier

dadababa

jeter

dadadada

tomber

dadaba

être couché

badada

attendre

dadaba

porter

bababa

être assis

ba

s'habiller

dadababa

dormir

heia!

se réveiller

bababa

regarder

babababa

pleurer

baaaaaa

caresser

dadadada

peigner

bababa

parler

bababa

comprendre

baba

demander

badada

écouter

dadababa

boire

bababa

manger

nomnom!

ranger

badada

aimer

ba

cuire

badada

conduire

dadababa

voler

dadadada

faire de la voile

dadababa

calculer

dadababa

lire

dadadada

apprendre

dadababa

travailler

dadaba

se marier

baba

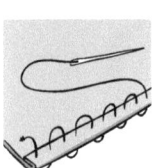

coudre

dada

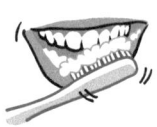

brosser les dents

aua!

tuer

aua!

fumer

dadababa

envoyer

babababa

famille
dadababa

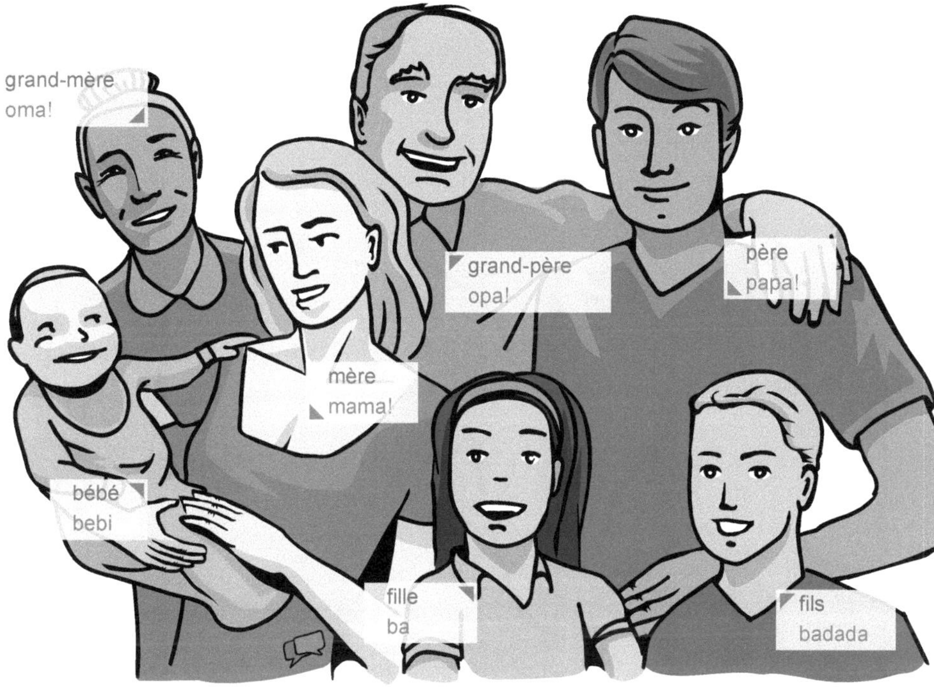

grand-mère
oma!
grand-père
opa!
père
papa!
mère
mama!
bébé
bebi
fille
ba
fils
badada

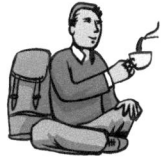

hôte

baba

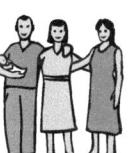

tante

ba

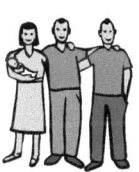

oncle

bababa

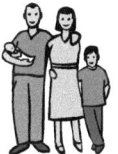

frère

nein!

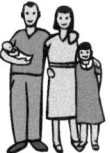

sœur

nein!

corps
dadababa

front
bababa
œil
dada
épaule
bababa
doigt
dada
visage
dada
menton
dadababa
main
baba
jambe
dadaba
poitrine
da
bras
bababa

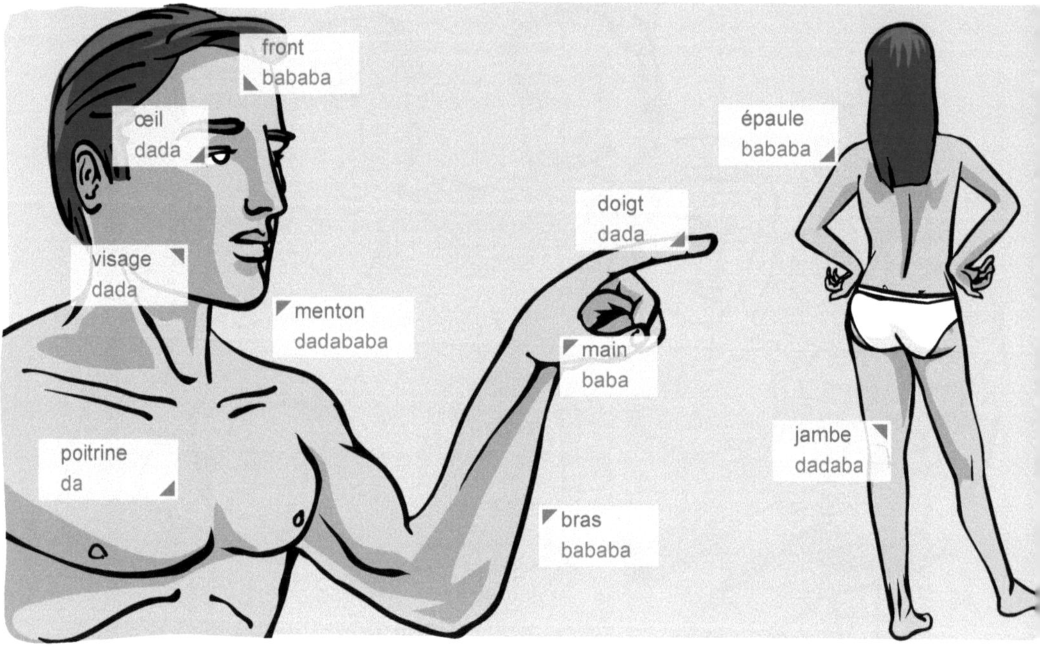

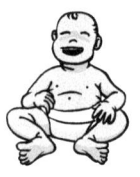

bébé
bebi

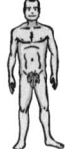

homme
papa!

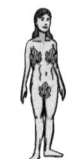

femme
mama

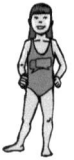

fille
baba

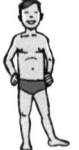

garçon
babadada

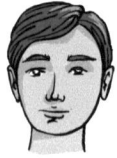

tête
bababa

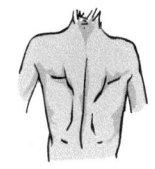

dos

baba

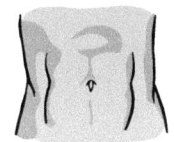

ventre

dadababa

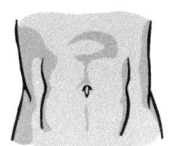

nombril

dada

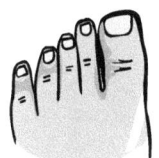

orteil

dadababa

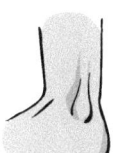

talon

ba

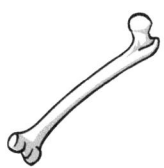

os

badada

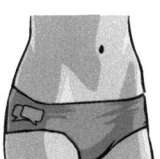

hanche

bababa

genou

dada

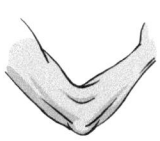

coude

dadadada

nez

bababa

fesses

popo

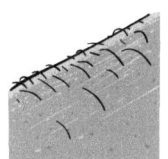

peau

dadaba

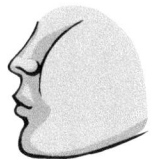

joue

badada

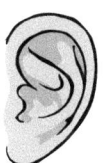

oreille

dada

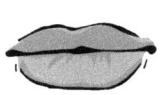

lèvre

bababababa

bouche

dadababa

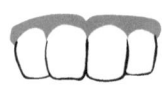

dent

dadadada

langue

baba

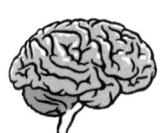

cerveau

dadadada

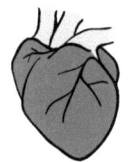

cœur

baba

muscle

dada

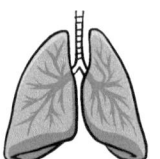

poumons

dada

foie

dada

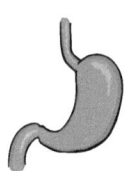

estomac

dadababa

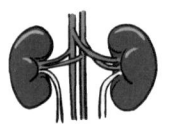

reins

dadaba

rapport sexuel

babadada

préservatif

dada

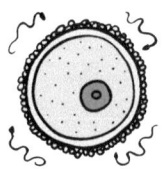

ovule

badada

sperme

dadababa

grossesse

dadababa

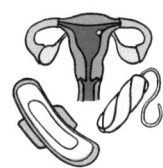

menstruation
....
ba

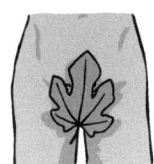

vagin
....
mumu

pénis
....
pipi

sourcil
....
dada

cheveux
....
dadababa

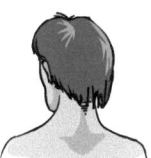

cou
....
bababa

hôpital
aua!

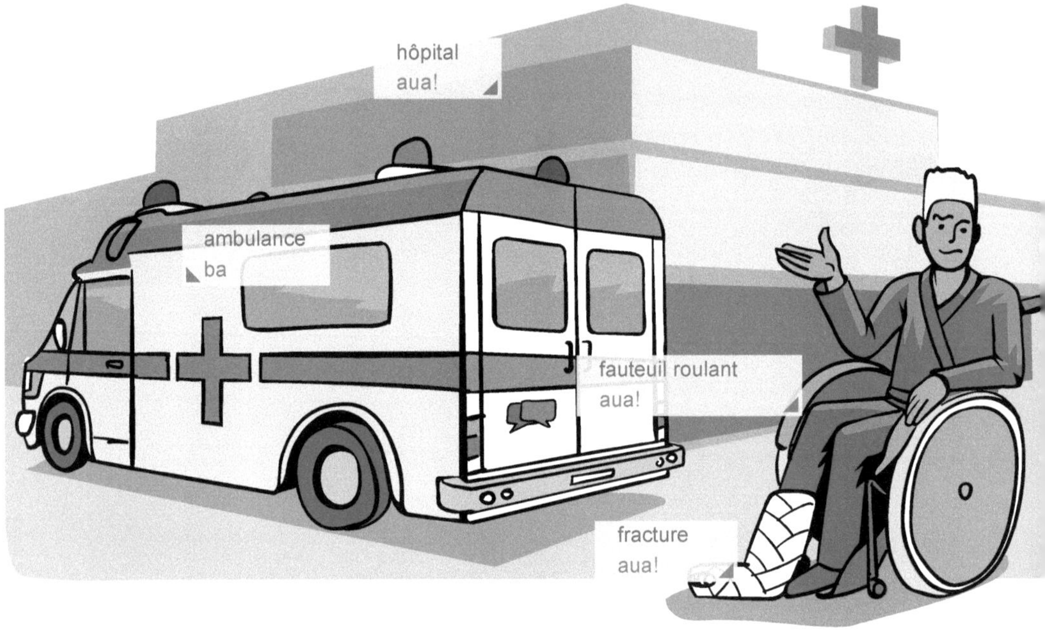

ambulance
ba

fauteuil roulant
aua!

fracture
aua!

médecin
aua!

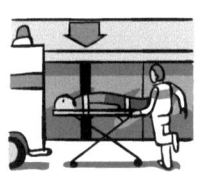

service des urgences
aua!

infirmière
aua!

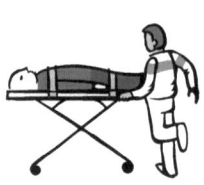

urgence
aua!

inconscient
aua!

douleur
dadababa

blessure

aua!

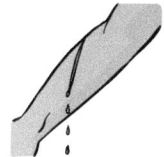

hémorragie

dadadada

crise cardiaque

aua!

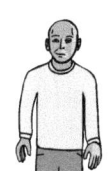

attaque cérébrale

aua!

allergie

dadababa

toux

aua!

fièvre

aua!

grippe

aua!

diarrhée

aua!

mal de tête

aua!

cancer

aua!

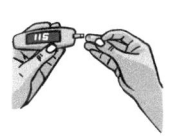

diabète

aua!

chirurgien

aua!

scalpel

aua!

opération

aua!

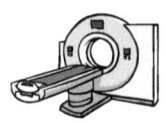

CT
....
aua!

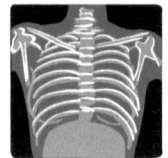

radiographie
....
aua!

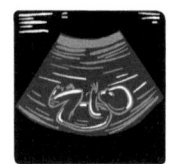

échographie
....
aua!

masque
....
aua!

maladie
....
aua!

salle d'attente
....
aua!

béquille
....
aua!

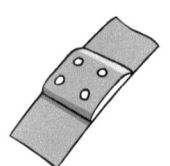

pansement
....
aua!

pansement
....
dadababa

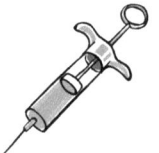

injection
....
aua!

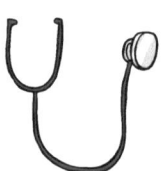

stéthoscope
....
aua!

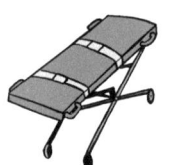

brancard
....
aua!

thermomètre
....
aua!

accouchement
....
aua! bebi!

surcharge pondérale
....
aua!

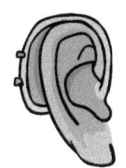

appareil auditif
....
aua!

désinfectant
....
aua!

infection
....
aua!

virus
....
aua!

VIH / sida
....
aua!

médicament
....
aua!

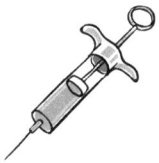

vaccination
....
aua!

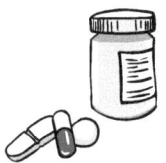

comprimés
....
aua!

pilule
....
dadaba

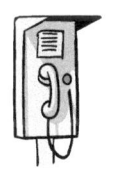

appel d'urgence
....
aua!

tensiomètre
....
aua!

malade / sain
....
da / ba

Au secours !

aua!

alarme

aua!

assaut

aua!

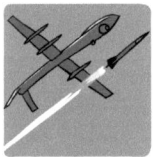

attaque

aua!

danger

aua!

sortie de secours

dadadada

Au feu!

dadaba

extincteur

dadaba

accident

aua! aua!

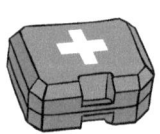

trousse de premier secours

aua!

SOS

baba

police

dadadada

Europe

badada

Amérique du Nord

dadaba

Amérique du Sud

dadababa

Afrique

dadaba

Asie

dadaba

Australie

babababa

Océan atlantique

badada

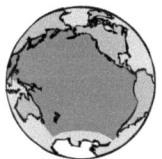

Océan pacifique

dadaba

Océan indien

baba

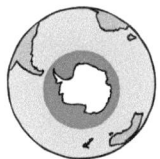

Océan antarctique

bababa

Océan arctique

dadababa

pôle nord

bababa

pôle sud

dadababa

Antarctique

dadaba

terre

dada

pays

dadaba

mer

badada

île

dadadada

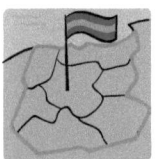

nation

dadadada

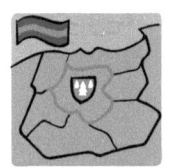

état

dadababa

terre - dada

cadran

baba

aiguille des heures

babadada

aiguille des minutes

baba

aiguille des secondes

bababa

Quelle heure est-il ?

dadababa

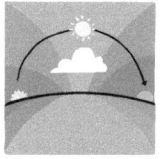

jour

babadada

temps

dada

maintenant

baba

montre digitale

dadababa

minute

dadababa

heure

bababa

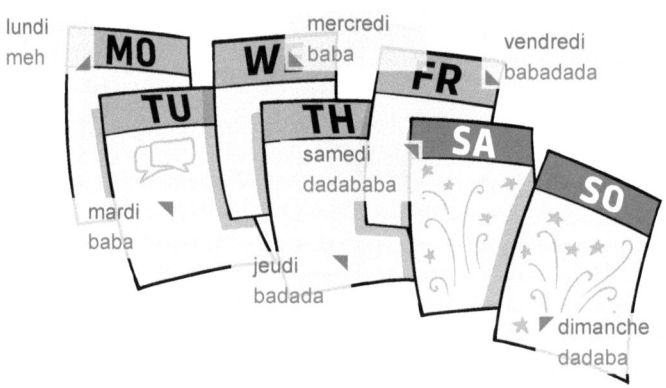

lundi
meh

mercredi
baba

vendredi
babadada

mardi
baba

samedi
dadababa

jeudi
badada

dimanche
dadaba

hier

dadadada

aujourd'hui

dadababa

demain

dadaba

matin

baba

midi

baba

soir

dadadada

MO	TU	WE	TH	FR	SA	SU
1	2	3	4	5	6	7
8	9	10	11	12	13	14
15	16	17	18	19	20	21
22	23	24	25	26	27	28
29	30	31	1	2	3	4

jours ouvrables

dada

MO	TU	WE	TH	FR	SA	SU
1	2	3	4	5	6	7
8	9	10	11	12	13	14
15	16	17	18	19	20	21
22	23	24	25	26	27	28
29	30	31	1	2	3	4

week-end

baba

pluie
dadababa

arc-en-ciel
dadaba

neige
kalt

vent
dadadada

printemps
dadadada

été
badada

automne
bababa

hiver
kalt

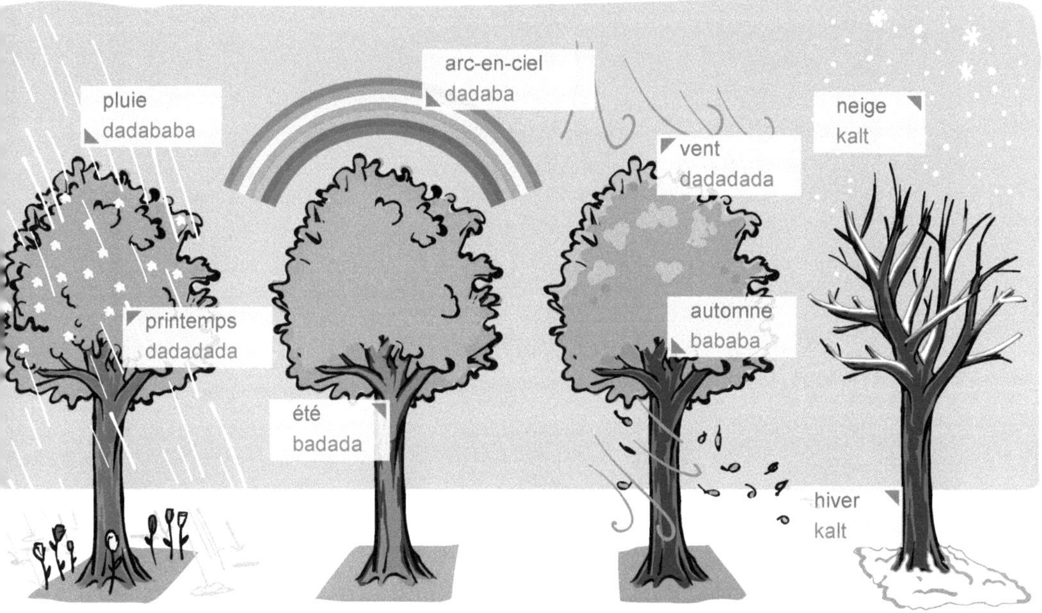

météo

dadababa

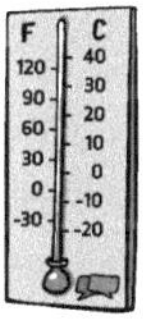

thermomètre

bababa

lumière du soleil

ba

nuage

baba

brouillard

dadadada

humidité

dada

foudre

dadababa

tonnerre

dada

tempête

badada

grêle

dadababa

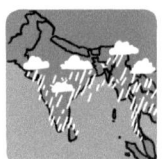

mousson

bababa

inondation

dadaba

glace

dadadada

janvier

dadaba

février

dadaba

mars

bababa

avril

dadadada

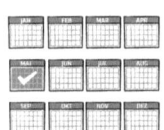

mai

dadadada

juin

bababababa

juillet

baba

août

bababab

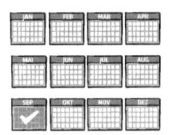

septembre
....
dadadada

octobre
....
badada

novembre
....
dadababa

décembre
....
baba

formes

dadababa

cercle
....
baba

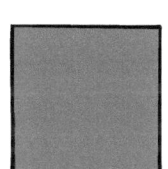

carré
....
badada

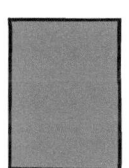

rectangle
....
dadababa

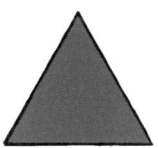

triangle
....
babababa

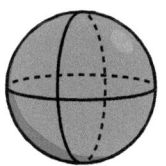

sphère
....
dadadada

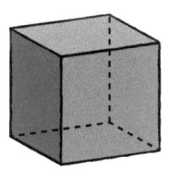

cube
....
babababa

blanc

dadababa

jaune

babababa

orange

baba

rose

dadadada

rouge

babadada

violet

dadababa

bleu

dadadada

vert

ba

marron

baba

gris

bababa

noir

badada

beaucoup / peu

da / ba

fâché / calme

da / ba

joli / laid

da / ba

début / fin

da / ba

grand / petit

da / ba

clair / obscure

da / ba

frère / soeur

da / ba

propre / sale

da / ba

complet / incomplet

da / bada

jour / nuit

da / ba

mort / vivant

da / ba

large / étroit

da / ba

comestible / incomestible

da / ba

méchant / gentil

da / ba

excité / ennuyé

ba / ba

gros / mince

da / ba

premier / dernier

ba / ba

ami / ennemi

da / bada

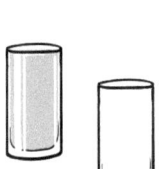

plein / vide

da / ba

dur / souple

da / ba

lourd / léger

da / ba

faim / soif

da / bada

malade / sain

da / ba

illégal / légal

da / ba

intelligent / stupide

da / ba

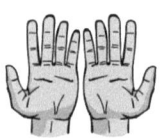

gauche / droite

ba / ba

proche / loin

da / ba

oppositions - dadadada

nouveau / usé

da / bada

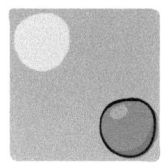

rien / quelque chose

da / ba

vieux / jeune

ba / ba

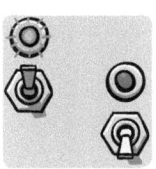

marche / arrêt

da / ba

ouvert / fermé

da / ba

faible / fort

da / ba

riche / pauvre

ba / ba

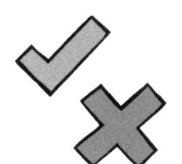

correct / incorrect

da / ba

rugueux / lisse

da / ba

triste / heureux

ba / ba

court / long

da / ba

lent / rapide

da / ba

mouillé / sec

da / bada

chaud / froid

da / bada

guerre / paix

da / ba

dadaba

0

zéro

dada

1

un / une

a

2

deux

ba

3

trois

da ba da

4

quatre

badabada

5

cinq

dadababa

6

six

dadaba

7

sept

badada

8

huit

dadababa

9

neuf

dadaba

10

dix

dadadada

11

onze

badada

12

douze

baba

13

treize

bababa

14

quatorze

baba

15

quinze

babadada

16

seize

dadababa

17

dix-sept

babababa

18

dix-huit

dadababa

19

dix-neuf

bababa

20

vingt

dadababa

100

cent

baba

1.000

mille

baba

1.000.000

million

dadababa

nombres - dadaba 89

dadadada

anglais

baba

anglais américain

babadada

chinois mandarin

dadababa

hindi

ba

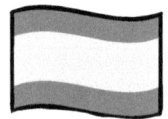

espagnol

badada

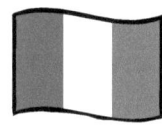

français

ohlala

arabe

babadada

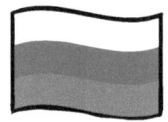

russe

dadaba

portugais

dada

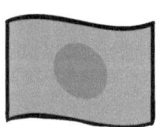

bengali

dadadada

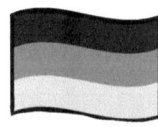

allemand

badada

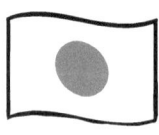

japonais

dadadada

je

a

tu

dadadada

il / elle / ce, c', cela

da / da / da

nous

o ba ma

vous

bababababa

ils / elles

baba

Qui ?

dadadada

Quoi ?

dadadada

Comment ?

baba

Où ?

babababa

Quand ?

babadada

nom

dadaba

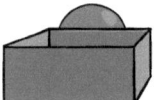

derrière

baba

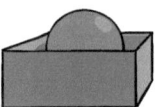

dans

dadaba

devant

baba

au-dessus

ba

sur

baba

en-dessous

dadababa

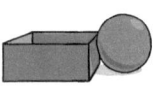

à côté de

babababa

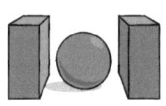

entre

ba

lieu

dada